TABLEAU

HISTORIQUE

DE LA MAISON LAZARE,

DEPUIS SON OUVERTURE

JUSQU'AU 9 THERMIDOR.

OU SE TROUVENT

DES Anecdotes précieuses sur chacun des Membres du Comité - Révolutionnaire du Bonnet Rouge, et sur la maison d'Arrêt de la rue de Séve.

PAR le Citoyen***, détenu dans ces deux Maisons.

A PARIS,

Chez
{
A. Cl. FORGET, Imprimeur-Libraire, rue du Four-Honoré, N°. 487.

DEROY, Libraire, rue du Cimetière André-des-Arcs, N°. 15.

Et chez les Marchands de Nouveautés.
}

AN III. DE LA RÉPUBLIQUE.

A V I S.

Je ne voulois pas mettre au jour ce petit travail ; il n'étoit destiné qu'à donner à mes enfans une idée des souffrances que j'avois éprouvées pendant onze mois et six jours de captivité ; mais des personnes peu instruites sans doute du régime de la maison de Lazare, en ont si fort dénaturé les évènemens dans ce qu'elles en ont écrit, que je me suis vu forcé, pour rendre hommage à la vérité, et sans vouloir me livrer à la critique, d'en présenter au public le Tableau historique et fidèl.

TABLEAU

HISTORIQUE

DE LA MAISON LAZARE ;

DEPUIS SON OUVERTURE

JUSQU'AU 9 THERMIDOR.

OÙ SE TROUVENT

DES Anecdotes précieuses sur chacun des Membres du Comité - Révolutionnaire du Bonnet Rouge, et sur la maison d'Arrêt de la rue de Sève.

PAR le Citoyen***, détenu dans ces deux Maisons.

Quorum pars magna fui....

LE 26 octobre 1793, (vieux style) je vis entrer chez moi, à huit heures du matin, deux hommes que je ne n'avois jamais vus ; leur air de férocité et la massue dont ils étoient armés, me les fit soupçonner des commissaires d'un comité révolutionnaire, et la suite m'apprit que je ne m'étois pas trompé.

L'un d'eux étoit commissaire du comité révo-

A

lationnaire du Bonnet Rouge (1) , et l'autre (2) du Contrat Social ; ils m'invitèrent de les suivre jusqu'au comité du Contrat Social , où j'étois demandé ; j'obéis ; arrivé au comité , et n'y ayant trouvé personne , ces mêmes hommes m'ordonnèrent de les suivre au comité du Bonnet Rouge ; je conclus dès ce moment que j'allois être mis en arrestation , et j'avoue que je n'en conçus aucune inquiétude. Mes conducteurs me firent différentes questions le long de notre route , toutes aussi insignifiantes les unes que les autres ; nous arrivâmes ainsi à ce dernier comité , où je fus mis sous la garde de la force armée, et une demie-heure après j'en fus retiré et ramené au Contrat Social , sans avoir été vu ni interrogé de personne. Je ne fus pas plus heureux ici que ci-devant , car les mêmes individus qui m'avoient laissé dans l'anti-chambre du comité , vinrent m'y reprendre pour me conduire chez moi , et là ils me déclarèrent qu'ils venoient m'arrêter et mettre les scellés sur mes papiers.

Je demandai envain la cause de mon arrestation ; il ne me fut répondu que par des brutalités , et les pleurs de ma femme semblèrent les aigrir d'avantage.

L'apposition de mes scellés dvint pour eux d'une grande difficulté , parce qu'il en falloit dresser procès-verbal , et qu'ils ne savoient pas écrire ou tout au plus signer leur nom.

Ils appellèrent à leur secours un homme aussi féroce qu'eux ; c'étoit le greffier du juge de paix du Contrat Social , nommé *Robert*.

---

(1) Renaud savetier.
(2) Potet aussi savetier.

Ce dernier, frappé de la propreté de mon mobilier, me jugea riche, parla de me donner deux gardiens de scellés, et je vis le moment où son dessein alloit s'accomplir ; mais j'obtins par l'état sincère que je donnai de ma fortune, que la garde en seroit confiée à ma cuisinière.

L'opération faite, je fus arraché des bras de ma femme, conduit de nouveau au Contrat Social, et de là au Bonnet Rouge, et toujours dans l'antichambre du comité.

J'attendois patiemment que le comité daignât m'interroger sur mes délits, et me donnât connoissance des motifs de mon arrestation, par le procès-verbal, que je croyois devoir en être dressé ; mais mon attente fut vaine ; car une heure après, un nommé Lebrun, que j'avois connu pour avoir été chassé de la place d'adjudant du bataillon du Bonnet Rouge, décida seul de mon sort, en ordonnant de me conduire à la cazerne de la rue de Sève jusqu'à nouvel ordre.

Arrivé dans cette maison, je fus présenté à deux hommes, qu'on me dit être commissaires du comité du Bonnet Rouge (1) ; ils prirent mon nom, et m'ordonnèrent d'aller joindre *les autres coquins qui étoient dans la même maison, et de m'y loger comme je pourrois.*

Je montai tristement un escalier sans trop savoir où j'allois. J'avoue que je m'étois fait une idée bien désavantageuse des personnes renfermées dans cette maison, sur-tout d'après ce que m'en avoient dit ces commissaires ; mais je fus

---

(1) Verney, cocher du ci-devant Monsieur. Et Baillère, autre cocher d'un officier suisse.

bien détrompé , lorsque je vis venir à moi mes nouveaux compagnons d'infortune, m'offrir leur main et leur amitié ; j'en reconnus plusieurs qui avoient fait long-tems le charme de ma société , par leurs vertus et la pureté de leur patriotisme, et quelques jours après je fus uni de la plus étroite amitié avec les autres.

Un vieillard respectable , qui occupoit une chambre avec deux autres malheureux , vint m'offrir, sans m'avoir connu, le partage de leur asile. J'acceptai avec reconnoissance ses offres généreuses, et je dois à la mémoire de cet honnête homme, de publier que pendant trois mois que nous avons resté ensemble, il a fait le bonheur de ma vie , tant par la douceur de son caractère , que par l'agrément de sa conversation et de sa profonde sagesse ; mes autres co-chambristes eurent aussi pour moi mille complaisances , et nous ne fûmes plus que quatre frères.

Le régime de ma nouvelle demeure étoit très-dur ; deux commissaires du comité-révolutionnaire du Bonnet Rouge qui se relayoient toutes les vingt-quatre heures , étoient chargés de nous surveiller, et seize hommes armés sous leurs ordres composoient notre garde.

Tout ce qu'on peut imaginer d'atroce, de cruel, de tyrannique et d'inhumain , étoit l'apanage de nos commissaires, sans en excepter un seul, et je joins ici la liste de leurs noms, pour faire connoître plus particulièrement leur immoralité et la vie privée de chacun d'eux, et pour qu'elle passe à la postérité.

Tableau des personnes qui ont composé le comité-révolutionnaire du Bonnet Rouge, depuis sa formation jusqu'à ce jour.

DAIRE, marchand chandellier, rue de Sève, près de la Croix-Rouge, ne s'étant montré à la section que depuis le 10 août 1792 (vieux style) ; ayant antérieurement refusé de faire son service militaire, au point qu'on étoit obligé de l'envoyer chercher par des fusiliers, lorsqu'il étoit commandé ; dévôt hypocrite, donnant asile aux prêtres réfractaires, faisant métier de la petite loterie, où il s'est enrichi, ayant ouvert et fermé sa boutique, suivant que les circonstances et les loix sur le maximum lui assuroient plus ou moins de bénéfice.

POINCELOT, peintre héraldique, demeurant rue de Sève, près de la Croix-Rouge, connu dans la section depuis le commencement de la révolution par l'exactitude de son service, mais recevant toutes les impressions, et toujours prêt à saisir le premier parti ; faux, hypocrite et recevant de toutes mains.

LALOUE, peintre en miniature, demeurant rue du Bac, près la rue de Sève, inconnu dans la section avant le 10 août 1792, quoiqu'il fût enfant du quartier, souteneur de biribi.

LAQUERIÈRE, peintre en équipages, demeurant rue de Sève, vis-à-vis les Petites-Maisons, ayant toujours détesté la révolution à cause de la perte de son état, connu d'ailleurs dans son quartier comme usurier, et prêteur sur gages.

SEGUIN, demeurant rue Sainte-Placide, commissionnaire au coin des bornes, garçon vuidangeur , inconnu à la section avant le 10 août 1792, depuis ce tems y ayant joué tous les rôles de l'intrigue, nommé commissaire du comité révolutionnaire, en ayant exercé l'office avec toute la cruauté dont un homme peut être capable, sans délicatesse, recevant de tous côtés, et demandant à tout le monde ; nommé à la distribution du charbon à l'Abbaye, et de là mis en arrestation au Luxembourg. On observe qu'il étoit couvert de haillons quand il fut appellé au comité révolutionnaire, mais que son costume changea bientôt après ; car ni ses habits , ni ses meubles, ni son logement, n'annonçoient plus qu'il étoit vuidangeur deux mois auparavant.

Tosy , demeurant rue du Petit-Vaugirard, ancien domestique de la ci - devant duchesse de Fleury, né sujet de l'empereur, inconnu à la section avant le 10 août 1792 (vieux style), nommé au comité révolutionnaire pour vexer sans doute les français ; il a parfaitement bien rempli cette tâche par toutes les cruautés inimaginables ; car un jour qu'on lui parloit justice et humanité, il eut l'impudence de répondre *qu'un bon républicain ne connoissoit ni justice ni humanité:*

Vernay , cocher du ci-devant monsieur, inconnu à la section avant le 10 août 1792 (vieux style), patriote par besoin, cruel par caractère, nommé commissaire du comité - révolutionnaire du Bonnet Rouge, ayant exercé toutes les vexations que l'audace autorisoit, et plus particulièrement envers ceux qui l'avoient connu cocher, et qui l'avoient secouru dans sa misère.

Rein, sans aveu et sans domicile connu, avant le 10 août (vieux style), ci-devant vendeur de

(7)

billets de loterie, mis au fort l'Evêque, de son propre aveu, pour avoir fait de fausses listes de loterie, et renvoyé du comité révolutionnaire pour avoir commis des infidélités à la levée d'un scellé.

LUTHUN, demeurant rue du Bac, commissionnaire au coin de la rue de la Planche, et ci-devant garçon charron, renvoyé de chez plusieurs maîtres par ses infidélités, ayant été logé par les carmelites dont la femme étoit commissionnaire ; ivrogne de profession, sans mœurs et sans principes, absolument inconnu dans la section avant le 10 août 1792, (vieux style).

OLIVIER, serrurier, demeurant rue du Bac, n'ayant paru à la section que pour être nommé commissaire révolutionnaire, mauvais mari, plus mauvais père, embrassant tous les partis pour conserver sa fortune, et patriote par circonstance.

PICCINI, né italien, habitant depuis le mois de novembre 1793 (vieux style), sur la section, inconnu auparavant, musicien de profession, et faux comme la plupart de ses compatriotes.

RENAUD, habitant rue de Sève, à la ci-devant Abbaye-aux-Bois, savetier au coin des rues, absolument inconnu avant le 10 août 1792 (vieux style), sans domicile fixe avant cette époque ; méchant, cruel, ne respirant que le sang, patriote par besoin, et se prêtant à toutes les circonstances pour de l'argent.

THAER, marchand de vinaigre, demeurant rue Sainte-Placide, connu dans tous les tems de la révolution ; sans caractère et faisant le mal sans le connoître, enrichi à la petite loterie, dont il a fait métier pendant très-long tems.

LEDRU, salpêtrier, demeurant rue Barrouillère, inconnu dans la section avant l'époque du 10 août 1792 (vieux style), n'ayant rien fait pour la révolution, sans mœurs, faisant tout ce que ses collègues délibéroient, et sur-tout quand il étoit question de maltraiter les détenus; faux et cruel.

PIGEOT DE VILLIERS, demeurant rue de Sève, près du comité, notaire, chassé de son corps pour banqueroute, inconnu dans la section avant mai 1793 (vieux style); patriote moderne pour parvenir aux places, accusé par les créanciers Brancas d'infidélité, et d'avoir exigé d'eux des quittances de mille livres pour cinq cents livres qu'il leur payoit.

LEBRUN, sans domicile fixe, chassé de la gendarmerie ou compagnie du centre, ivrogne, méchant, cruel et lâche, chassé de la place d'adjudant de la section, où il avoit été nommé; souffrant les insultes patiemment, et refusant toujours par prudence de donner raison de celles qu'il faisoit; mauvais mari, querelleur, étant cause à lui seul de presque toutes les arrestations qui ont été faites par le comité, pour se venger de ce qu'on l'avoit chassé de sa place d'adjudant; grand ami de Vincent, Hébert, Ronsin et Hanriot, et s'étant toujours caché dans les affaires d'éclat.

PARRAULT, suisse, garde-porte de la citoyenne Narbonne Pelet, rue de la Planche, inconnu à la section avant le 10 août 1792 (vieux style), n'ayant paru que lors de sa nomination de commissaire au comité-révolutionnaire, n'ayant quitté cette place que pour celle d'adjudant.

Ivrogne reconnu ; au point qu'il disparut pendant deux jours , et qu'on le croyoit mort.

BAILLÈRE , cocher d'un officier suisse , sans domicile et inconnu dans la section avant sa nomination.

Tels étoient les hommes qui ont disposé de la liberté de plus de trois cents pères de famille , et qui les ont fait gémir dans les fers pendant près d'un an , sans avoir d'autre crime à leur reprocher que celui de leur avoir opposé quelque résistance dans leurs vexations.

Le comité révolutionnaire du Bonnet Rouge, plus avide d'argent que du bonheur de la république, avoit spéculé sur les arrestations. Il avoit adopté pour maison d'arrêt une cazerne des ci-devant gardes-françaises, située rue de Sève ; et quoi qu'elle fût très-mal-saine, ainsi qu'elle l'a été reconnue par les gens de l'art, le comité n'y a pas moins entassé pendant plus de quatre mois cent vingt à cent quarante personnes.

Les détenus y étoient mis à contribution pour les frais de garde, d'une manière arbitraire, et presque tous y étoient imposés depuis douze livres par jour jusqu'à vingt sols ; au total, la recette journalière se portoit à trois cents livres , et cette somme étoit perçue chaque mois sur les quittances d'un trésorier du comité.

On voit que la recette journalière étoit de . . . . 3oo l.

La dépense étoit :

Pour 16 hommes de garde à 3 l.	48 l.	
Lumière de 3 petits réverbères.	4 l.	62 liv.
Chandelle	1 l.	
Bois, un quart de voye	9 l.	
Revenant bon par jour		238 l.

La chambre destinée au logement des commissaires étoit le lieu de rassemblement de leurs amis, et les dîners les plus splendides y étoient servis ; les écots de 10 à 12 livres n'étoient rien, lorsque les pauvres pères de famille, que, les vengeances personnelles avoient mis en arrestation, pouvoient à peine se procurer l'absolu nécessaire. On doit concevoir facilement combien notre position étoit cruelle, avec de tels personnages.

Nos plaintes, nos supplications, nos cris pour la justice et l'humanité, tout étoit étouffé, et si quelquefois il nous échappoit des larmes de douleur, le cachot ou violon, lieu très-humide, étoit notre récompense, et les femmes même n'en étoient pas exemptes, quelque fût leur position.

Nos femmes, nos enfans, nos amis, achetoient bien cher le plaisir de nous voir de tems en tems ; car ces tigres que la rage possédoit, leur faisoient éprouver toute espèce de mauvais traitemens.

Notre maison étoit mal-saine, et les chambres quoique très-petites, contenoient jusqu'à dix personnes ; il est vrai que ces monstres, au mépris de la loi qui accorde aux détenus les meubles d'indispensable nécessité, forçoient quelques-uns de coucher deux à deux.

Il y avoit déjà trois semaines que j'étois en détention, lorsqu'un ami vint me chercher avec un homme de la police, pour assister à la levée de mes scellés, de laquelle devoit dépendre ma liberté ; l'ordre fut présenté à Verney et Laquerière, lors commissaires de garde, et quoi-

qu'il fût très en règle, ils crurent ne devoir pas
y déférer sans en avoir donné avis à leur comité:
mon ami s'y rendit sur-le-champ ; le comité se
refusa d'obéir à l'ordre de la police , et pour
punir la témérité de celui qui avoit osé sollici-
ter en ma faveur, il le fit suivre par Renaud,
hapechair du comité, et arrêter le soir même.

Tous les jours étoient marqués par quelque
nouvelle tyrannie ; l'appel dans cette maison s'y
faisoit régulièrement à midi , par un des commissaires rentrans et un des sortans, et les sar-
casmes les plus grossiers et les plus scanda-
leux étoient leur langage ordinaire ; le soir à neuf
heures et demie nous étions enfermés dans nos
chambres comme des bêtes féroces, et si un détenu , quelque fût son âge , son sexe et ses infirmités, se trouvoit malade la nuit , il étoit obligé
d'attendre au lendemain pour recevoir les secours
que son état exigeoit,

Nous avons souvent entendu pendant notre
détention ces cannibales dire à nos femmes, qui
les invoquoient pour nos libertés : *vos maris , vous
devez les considérer comme morts , et vous conduire
comme s'ils l'étoient , car de long - tems ils ne seront
libres ;* et presque tous ont ajouté à différentes époques : *la Convention rendroit un décret
en leur faveur , apporté par le président lui-même ,
que nous n'y obéirions qu'autant qu'il nous convien-
droit , et après en avoir délibéré au comité.*

La section du Bonnet Rouge donna une fête
à la mémoire de Marat, le 2 frimaire. Le cortège
à son retour passa sous nos fenêtres ; deux forges
ambulantes étoient à sa suite ; les commissaires
du comité révolutionnaire eurent grand soin de
les faire arrêter devant nous, d'y faire forger une

pique et des chaînes, d'insulter à nos malheurs par les injures les plus atroces, et la scène se termina par une danse ronde, provoquée par Lebrun et ses compagnons, qui chantèrent la carmagnole, en nous montrant au doigt, et en criant à la guillotine. Nous crûmes que c'étoit le dernier jour de notre vie; et certes il l'eût été si les désirs de ces monstres se fussent accomplis; car ils eurent la précaution de nous faire enfermer sous clef dans nos chambres vers trois heures de l'après-midi, pour nous ôter tout moyen de défense, en cas où le peuple seconderoit leurs vœux.

Notre position étoit des plus cruelles; nos malheurs augmentoient tous les jours, et rien ne nous annonçoit la fin de nos peines; l'union et l'amitié qui régnoient entre les détenus de cette maison, étoient les seules consolations qu'il nous fût permis d'avoir, et au milieu des cris de la liberté, nous gémissions dans l'esclavage le plus ignominieux.

La perte de mon état, seul moyen d'existence que j'avois au monde, forcèrent ma femme à des réformes dans son petit ménage; elle donna congé du logement que nous occupions, et voulut renvoyer sa cuisinière, malgré que son état de grosesse la lui rendît plus nécessaire que jamais; mais comme elle ne pouvoit effectuer l'un et l'autre, à cause des scellés que j'avois chez moi; elle en sollicita la levée du comité du Bonnet Rouge, qui la renvoya à celui du Contrat Social, comme ayant agi de concert, et ce dernier ne la dégagea de sa cuisinière que pour la remplacer par un sans-culotte aux gages de 6 livres par jour, contre le vœu de la loi qui n'accordoit qu'une journée et demie de travail , c'est - à - dire trois livres.

Toutes mes réclamations à ce sujet devinrent inutiles ; je fus contraint de garder un loyer que je n'avois plus le moyen de supporter , et de vendre mes effets pour payer , à six livres par jour , un homme fort et robuste , et dont les bras eussent été plus utiles dans les armées de la république.

Je fus donc chargé pendant six mois de ce pésant fardeau , sans pouvoir sous aucun prétexte m'en dégager , quoique j'eusse donné fort fidèlement le bilan de ma fortune.

Mes ressources étant enfin épuisées , ma femme refusa de payer son gardien de scellés ; le comité du Contrat Social , outré de ce refus , l'envoya chercher par douze hommes armés ; elle étoit alors grosse de huit mois , et son état n'inspira aucune humanité ; le comité lui reprocha sa désobéissance , lui ordonna de vendre ce qui lui restoit d'effets , et la condamna à la détention jusqu'au paiement de ce qui étoit dû au gardien.

La garde reçut ordre de la conduire ; elle fut entraînée dans une pièce qui étoit au cinquième de la maison, enfermée sous la clef, sans chaises , obligée de se tenir de bout malgré sa fatigue, ou de s'asseoir à terre ; enfin sa mère arriva à son secours deux ou trois heures après , et la délivra en payant tout ce que le comité voulut.

Je n'ai cessé un moment de parler de ma maison d'arrêt, où je n'étois pas mieux traité que ma femme, que pour faire connoître *les vertus ré-*

publicaines du comité-révolutionnaire du Contrat Social.

Je gémissois déjà depuis trois mois dans les fers, lorsque le 30 nivôse, vers dix heures du matin, nous vîmes notre cazerne assiégée de toutes parts par une force armée : l'inquiétude s'empara de nos ames, chacun s'interrogea sur ce rassemblement, sans pouvoir en pénétrer le mystère, lorsqu'enfin à onze heures, plusieurs de mes compagnons d'infortune furent appellés et transférés ailleurs : Je le fus aussi à mon tour avec neuf autres, et Lebrun commandant la force armée, nous signifia l'ordre de partir pour Picpus ; nous demandâmes à rassembler ceux de nos effets qui pouvoient nous être nécessaires ; mais Lebrun, qui n'a jamais excellé que dans les atrocités, ne voulut même pas nous permettre d'aller prendre des souliers ; il exigea que nous partissions tout de suite les uns sans chapeau et les autres en savates, sans vouloir nous accorder de voitures.

Il nous enveloppa d'une double haie d'hommes armés, au nombre de cent, et nous fûmes conduits ainsi en traversant à pied Paris dans toute son étendue jusqu'à Picpus. Notre voyage ne nous attira aucun désagrément, et sans quelques poliçons que nous rencontrâmes près du Pont-Neuf, qui nous injurièrent, nous n'eussions éprouvé que des marques de pitié et d'intérêt de la part de ceux qui nous voyoient passer.

Arrivés à Picpus, cinq de mes compagnons seulement y furent reçus, et les autres, dont j'étois du nombre, ramenés à la cazerne ; l'indisposition qu'éprouva un de nos camarades par

la course forcée qu'il venoit de faire, ayant tou-
ché de compassion le commandant de la garde
qui nous accompagnoit, il nous permit de prendre
une voiture dans la rue Saint-Antoine; la garde
l'investit, et pendant toute la route, nous fûmes
assaillis par les injures les plus dures, parce que
les hommes qui composoient notre garde ré-
pandoient dans le peuple que nous étions des
contre - révolutionnaires, des agens de Pitt et
Cobourg, et des conspirateurs.

Nous revînmes donc à notre cazerne au milieu des huées et des dangers ; mais nous fûmes
bien dédommagés de nos peines par l'amitié que
nous firent les compagnons que nous y avions
laissés ; et certes les larmes de joye qu'ils ré-
pandirent à notre retour, furent bien douces et
bien consolantes pour nous.

Nous apprîmes des détenus que nous avions
quittés à la cazerne, que les commissaires du
Bonnet-Rouge avoient cherché à justifier nos trans-
feremens par la plus noire des calomnies, et en
nous imputant d'avoir voulu égorger nos amis
pour nous échapper plus facilement.

Nous nous reposions de nos fatigues, en ra-
contant notre voyage, lorsqu'on nous appella à
huit heures du soir pour aller à Lazarre ; ce
nouveau voyage n'eut pas tant d'éclat que le
premier ; il nous fut donné une voiture sous
l'escorte de quatre hommes et d'un officier, et
les voiles de la nuit nous sauvèrent toute espèce de désagrément. Nous arrivâmes à Lazare à 9 heures du soir, où dix camarades
de la cazerne, qui y étoient depuis le matin,
adoucirent nos peines par le partage de leurs lits
et de leur souper.

Cette maison d'arrêt étoit ouverte du 29 , et la surveillance, confiée au citoyen Naudet , homme d'un caractère très-doux, et n'ayant d'un concierge que le nom effrayant.

L'humanité avec laquelle nous fûmes traités , tant par Naudet et sa femme que par ses porte-clefs , l'empressement que mirent ses garçons de service à nous procurer les objets de première nécessité , nous firent croire que nous passions des Enfers aux Champs-Élisées , et s'il nous eût été permis de voir facilement nos parens et nos amis , notre détention eût été préférable à la liberté dont on jouissoit alors dans Paris.

Le nombre des détenus à Lazare grossit bien-tôt par les nombreux transféremens qui s'y firent des autres prisons; et comme il y a des acco-modemens avec le ciel, nous obtînmes de voir ceux qui nous affectionnoient; par le moyen de *permissions qu'accordoit la police* , et qui nous coûtoient fort cher.

Nous étions déjà plus de trois cents dans cette maison , lorsque *Michel* , administrateur de po-lice, vint pour la première fois en faire l'inspec-tion; le ton dur et menaçant qu'il mit dans ses visites aux détenus, et les ordres absolus qu'il donna à ceux qu'il croyoit riches , pour les for-cer à nourrir ceux qui ne l'étoient pas , affligea beaucoup de monde. Michel inflexible, n'aimoit pas les représentations , et si quelqu'un se per-mettoit de lui montrer jusqu'à l'évidence qu'il n'étoit rien moins que fortuné , il le frappoit aussi-tôt d'anathême , et le menaçoit de le faire transférer à bicêtre : heureusement que Michel n'a paru que deux ou trois fois.

Michel abandonna l'administration de la maison,
et

et Gagnant lui succéda ; la nouveauté plaît toujours aux hommes. Les malheureux calculent tout à leur avantage ; et nous attribuâmes ce changement aux mauvais traitemens dont Michel avoit usé à notre égard. Tous crurent que le nouvel administrateur nous traiteroit plus humainement et ne disposeroit pas de nos fortunes sans les avoir préalablement connues. Nous vivions dans cette douce illusion, lorsque Gagnant est annoncé dans la maison : chaque détenu s'empresse de lui adresser ses doléances ; Gagnant les écoute à peine et ne leur répond qu'avec humeur ; sa figure noire et hideuse présagea que son cœur n'étoit ni plus beau ni meilleur.

Nous ressentîmes bientôt que nous n'avions rien gagné au change. Gagnant annonce qu'il veut établir un réfectoire dans la maison, auquel il entend forcer tous les détenus d'aller manger, et où les riches payeront pour les pauvres.

Gagnant sollicite, et l'administration de police prend un arrêté qui ordonne ce réfectoire, établit un mode pour l'envoi du linge et effets des détenus, et proscrit toute espèce de communications.

L'arrêté fut affiché dans la maison avec solemnité ; le jour du réfectoire fut indiqué à une époque fixe : Gagnant vint à Lazare pour disposer les choses ; il ordonna aux détenus d'entrer dans leurs chambres, les fit fermer au crochet, et alla de chambre en chambre recevoir les soumissions des sommes à fournir par jour, pour l'établissement du réfectoire. Là il impose arbitrairement les détenus, malgré leurs réclamations, et si quelqu'un a l'audace de lui prouver que

B

sa détention l'a ruiné, il mêle l'ironie au sarcasme, et parle aussitôt de le faire transférer à Bicêtre. Le réfectoire n'eut pourtant pas lieu.

A mesure que l'administration gênoit nos communications avec nos amis, les difficultés de voir nos parens redoubloient; nous ne parvenions à ce bonheur qu'à force d'argent; les porte-clefs étoient devenus plus avides, en raison des difficultés, et les permissions de la police devinrent négociables comme les effets de la bourse; les pauvres cessèrent d'être hommes, et les riches ne conservèrent quelque jouissance qu'aux dépens des débris de leur fortune,

L'administration de police fit faire de nombreux transféremens à cette époque, et nous vîmes arriver à Lazare près de trois cents prisonniers de différentes maisons, et notamment de Bicêtre; ces derniers, hors environ soixante suspects, étoient tous condamnés aux fers pour dix, quinze et vingt ans. (C'étoit le 12 pluviôse).

Les administrateurs Gagnant et Cailleux, chargés de ces transféremens, mirent dans leur office une rigueur et une cruauté dont on a peu d'exemples; ils se rendirent nuitamment et à la lueur des flambeaux dans les maisons, comptèrent leurs victimes, les firent menoter, lier deux à deux, et entasser sur des charrettes, sans égard à l'âge, aux infirmités, ni aux causes des détentions; tous furent ainsi confondus. La nuit se passa à disposer le voyage, et au point du jour les charrettes chargées furent entourées de cavaliers, qui reçurent l'ordre de tuer le premier des détenus qui oseroit se plaindre.

Le cortège fut nombreux; Gagnant et Cailleux

le précédoient, firent faire des poses sur les places publiques, et notamment sur celles de Maubert et des Innocens pour donner en spectacle les malheureux et les faire injurier; ils éloignoient d'eux les ames sensibles qui vouloient leur donner les secours que l'humanité réclamoit, pour en laisser approcher ceux qui les outrageoient; tout annonçoit que ces hommes féroces avoient formé le dessein de faire commencer une scène tragique, pour la conduire aux maisons d'arrêt.

Les charrettes destinées pour Lazare y arrivèrent; des prisonniers furent distribués dans les corridors du troisième, et plus de deux cents jetés sur un peu de paille, dans une pièce du rez-de-chaussée, appellée le réfectoire, lieu très-humide, dont la plupart des vitres ne fermoient pas, et les voleurs confondus avec les suspects.

La nuit qui suivit leur arrivée fut orageuse; les bicêtriens condamnés aux fers s'agitèrent de mille manières différentes, volèrent ce qu'ils purent de porte-feuilles aux suspects, brisèrent les poëles et les boiseries, y mirent le feu, enfoncèrent la voute d'une cave, et quelques-uns s'échappèrent.

Le concierge Naudet fit son rapport, à la police, et il obtint que les voleurs seroient ramenés à bicêtre; la police le fit faire, mais bien lentement et sans éclat, car ils partirent deux à deux et dans des fiacres, c'est-à-dire que n'ayant plus de suspects avec eux, ils furent traités plus humainement.

Le lendemain de l'arrivée des gens de Bicêtre, on répandit le bruit dans Paris que les détenus à Lazare s'étoient insurgés , qu'ils s'étoient battus et plusieurs évadés ; les journaux ne ménagèrent rien pour accréditer ce bruit , en dénaturant l'évènement.

Le général Hanriot accourut avec une force armée , et après avoir distribué des cartouches il harangua ainsi sa troupe : « *Mes amis , mes* » *compagnons, je vous recommande la plus grande* » *surveillance envers les scélérats qui sont dans cette* « *maison , car ils n'attendent que la mort qu'ils ont* » *méritée.* » Ici il fut applaudi par quelques détenus , et hué par la généralité ; alors il ajouta : « *Si cependant il se trouvoit parmi eux quelques vic-* » *times , vous leur devez secours et protection* ». Et satisfait de lui-même , il se retira avec ses aides-de-camp. La nuit suivante une des sentinelles placée au tour de la maison et du côté de la ferme , trouvant mauvais qu'un détenu ouvrît sa croisée pour renouveller l'air de sa chambre, l'insulta, lui ordonna de la fermer , et sur son refus, lui tira un coup de fusil , qui n'eut point de suite fâcheuse. Il n'est pas indifférent de dire que c'étoit la section de Bonne - Nouvelle qui nous gardoit ce jour là.

Il se répandit à cette époque un bruit dans la maison que la scène du 2 septembre devoit se renouveller ; que les prisons devoient être assaillies, et les prisonniers égorgés ; l'allarme s'empara des esprits : les détenus cherchèrent à se garantir en établissant parmi eux une garde de nuit dans chaque corridor ; elle fut jugée d'au-plus nécessaire qu'ils étoient menacés d'être attaqués par une trentaine de détenus , et qu'à leur noir projet devoient se joindre des gens du dehors.

Ronsin et Vincent avoient obtenu à cette époque leur liberté ; ils vinrent visiter à Lazare leurs amis Pereyra et Defieux ; il y eut deux fois à leur occasion des dîners splendides dans une chambre où se rendirent leurs protégés, et là il fut dressé une liste de trente personnes auxquelles Vincent et Ronsin jurèrent protection et promirent la liberté.

Ces rassemblemens eurent lieu exactement dans le tems où on parloit d'égorger les prisonniers. Les trente protégés levèrent une tête altière, cherchèrent querelle différentes fois aux autres détenus, les menaçoient ouvertement, ne parloient que de leur patriotisme, annonçoient leur prochaine liberté, par la protection de Vincent et compagnie, et disoient qu'un tiers des prisonniers de la maison, eux exceptés, seroit bûché, l'autre tiers guillotiné, et le reste déporté dans un vaisseau à soupape.

On doit concevoir quelle étoit la perplexité des détenus à Lazare d'après de pareilles menaces de la part de leurs compagnons ; ils redoubloient d'activité dans leur garde de nuit, et tous se promirent de vendre bien cher leur vie en cas d'attaque.

Ronsin et Vincent furent de nouveau mis en arrestation, mais cette fois conduits à la conciergerie ; Pereyra, Desfieux et Anacharsis Cloots, furent mis en jugement, et plusieurs détenus de Lazare, appellés en témoignage : Jeaubert Belge y parut quoiqu'il fût des trente exceptés ; quelques autres furent appellés en déclaration, et je fus de ce nombre. J'entrai dans de grands détails dans ma déclaration, parce que je ne crus pas indifférent de faire connoître par ce que j'avois entendu dire, les ramifications du complot formé alors.

Ronsin, Vincent, Hébert, Pereyra, Defieux et Cloots, furent condamnés à mort; leurs protégés à Lazare s'attendoient à être inquiétés, mais l'affaire n'eut point de suite; leur audace en redoubla quelques jours après; Jeaubert et ses consorts ont encore figuré dans la proscription Robespierre.

Les réflexions ici deviennent inutiles, parce qu'on verra, si on veut lire attentivement cette relation, que Robespierre étoit toujours le chef caché de parti, qu'il avoit prononcé la mort de tous les détenus, et qu'il avoit placé dans chaque maison d'arrêt ses espions et ses dénonciateurs, pour fabriquer à volonté les insurrections et conduire à l'échafaud ses victimes.

La mort de Ronsin etc., fit oublier aux prisonniers de Lazare leurs dangers passés; le calme succéda à la crainte, la confiance se rétablit dans la maison, les détenus cessèrent leurs gardes de nuit: Jeaubert et les siens furent craints et méprisés, et deux mois se passèrent dans la plus grande tranquillité, quoique la garde de Bonne-Nouvelle renouvellât ses scènes de tems en tems.

Gagnant l'administrateur, Gagnant qui n'avoit jamais paru à Lazare que pour en outrager les détenus, fut enfin destitué et mis en arrestation dans cette même maison; on l'y accueillit par les chansons, les plaisanteries et les mistifications: les premiers jours de son arrivée se passèrent ainsi; il fut ensuite méprisé et fui par tous, et Grimoire, ci-devant comte du Rours, ancien municipal, fut le seul qui trouva quelque charme dans la société d'un tel homme.

Bergot, un des compagnons de Robespierre, que sa mort honteuse fera connoître à la postérité, succéda à Gagnant, dans l'administration de la maison ; cet homme immoral. dont la vie privée n'étoit qu'un tissu de scélératesses , se montra d'abord sous le masque de l'humanité, visita les détenus dans leurs chambres , leur offrit protection et secours, et sous ce masque hypocrite , travailla à rendre leur sort plus pénible.

Naudet concierge , n'étoit pas l'homme qui convenoit à ses projets ; il saisit le moment où il fut traduit devant un tribunal criminel pour cause d'évasion d'un détenu, pour le remplacer par un concierge provisoire ; et quoique Naudet fût ensuite acquitté par ce tribunal , et reconnu innocent, il n'en fut pas moins destitué et remplacé par Semé , inspecteur de la police robespierrique.

Bergot et Semé, anciens compagnons de débauche , entièrement voués à Robespierre , se concertoient tous les jours entre les verres et les bouteilles , pour appesantir le joug des détenus.

Le vin décida un jour que les femmes , parens et amis des prisonniers, qui n'avoient déjà plus la permission de les voir, depuis quelque tems , que de la cour d'entrée de la maison et à une distance de cinquante pas des bâtimens , en seroient éconduits , et les portes fermées.

Cet ordre fut rigoureusement observé ; car ces hommes atroces, toujours conduits par le vin, surveilloient et punissoient sévèrement ceux des portes-clefs que la sensibilité ou l'intérêt rappelloient quelquefois à l'humanité.

Nous étions donc condamnés à ne plus voir tout ce qui nous affectionnoit ; et si quelqu'un avoit le courage de passer dans la rue du Paradis pour nous saluer, aussitôt les tigres, apostés par la police aux environs de la maison, les frappoient avec des massues, et traînoient devant le comité révolutionnaire de la section Poissonnière, les femmes ou les enfans qui avoient commis l'imprudence de se montrer à leurs pères ou à leurs époux.

Telle étoit notre position, sans que rien nous en annonçât la fin, car le parti Robespierre avoit grand soin de nous perdre dans l'esprit public, en nous représentant comme des scélérats ; et nous voyions avec douleur la force armée nous traiter comme tels, et les ordres d'Hanriot mis dans les journaux, exciter contre nous l'indignation du peuple.

Depuis l'entrée dans la maison de l'administrateur Bergot, et du concierge Semé, nous nous appercevions d'un dessein caché de nous soulever pour procurer au tyran, qui ne parloit que vertus et justice, la douce jouissance de s'abreuver de notre sang ; et à mesure que nous redoublions de sagesse et de tranquillité, Bergot et Semé redoubloient d'audace et de tyrannie.

Une suite non interrompue de plusieurs mois de malheurs ; le resserrement de nos fers ; les nouvelles privations qu'on imaginoit tous les jours ; l'isolement de nos parens ; le silence des autorités sur nos réclamations ; la justice sourde à nos accens plaintifs ; le redoublement d'audace et de fureurs des comités révolutionnaires, enfans de Robespierre, l'atrocité avec laquelle ils poursuivoient ceux de nos amis qui osoient les invoquer pour nous ; tous ces malheurs, dis-je, découragèrent les détenus an point que trois parmi eux ne trouvèrent de fin à leurs peines, que dans la mort qu'ils se donnèrent.

On parloit depuis plus de quatre mois, d'une mesure générale pour la mise en liberté des détenus ; elle étoit attendue avec impatience, lorsqu'enfin un décret de la convention annonça la nomination d'une commission populaire pour les juger. Tous établirent leur confiance dans ce tribunal ; et leur impatience redoubla à mesure que l'époque de son entrée en exercice approchoit.

Les mémoires furent disposés ; chacun fit l'examen de sa conscience ; presque tous, fiers de la pureté de leur ame, se faisoient un plaisir de mettre au grand jour leur vie privée et leur conduie politique.

Quoique cette commission populaire dût être nommée d'après ce décret dans les quinze jours da sa date', un mois entier se passa, sans que le décret eût reçu son exécution ; et les prisonniers commençoient à croire que la commission n'auroit pas lieu, lorsqu'on annonça un jour qu'elle étoit enfin nommée ; qu'elle opéroit au Luxembourg et à la Bourbe, et qu'elle devoit venir à Lazare très-incessamment,

En effet, deux ou trois jours après, (le 17 floréal) on assura dans la maison que la commission populaire devoit venir ce jour là ; la joie s'empara de nos ames ; tous crurent enfin à la résurrection.

Vers sept heures du matin, la garde fut doublée; la maison investie par des nombreuses patrouilles, tant à pied qu'à cheval; et peu de tems après, plusieurs particuliers inconnus, accompagnés de Bergot, entrèrent au greffe.

Les détenus raisonnoient sur cette bienheureuse commission, lorsqu'il leur fut signifié d'entrer dans leurs chambres respectives. L'ordre devint plus précis; et comme il s'exécutoit, une force armée fut introduite dans le corridor vendémiaire, distribuée en différens endroits, et les détenus consignés dans leurs chambres.

Cette mesure parut fort extraordinaire; chacun la combina différemment, en la rapportant toujours à la commission populaire; et nous fûmes tous complettement dans l'erreur jusqu'au moment où ces hommes, que nous avions vus entrer au greffe, parurent au corridor investi, décorés d'un ruban tricolore, accompagnés de Bergot, et précédés par le Duc, porte-clef de la maison, homme qui s'étoit fait une jouissance de vexer les détenus, et de les pressurer de mille manières.

Ces administrateurs de police, que nous avions pris pour des membres de la commission populaire, se divisèrent en deux bandes; l'une prit la droite, et l'autre la gauche du corridor, et ainsi partagés, ils firent la visite de toutes les chambres; fouillèrent jusque dans les paillasses; prirent aux détenus, les couteaux, rasoirs, canifs, ciseaux, compas, et généralement tout ce qu'ils avoient d'instrumens tranchans, ensemble leur argent au-dessus de cinquante livres, leurs montres et bijoux; et pour leur inspirer de la confiance, ils eurent l'astuce de faire apporter dans le corridor deux paquets adressés à la commission populaire,

séante à Lazare, et de les montrer ouvertement.
Que faisoit de plus Mandrin?

Cette fouille, ou pour mieux dire ce dépouille-
ment, dura trois jours; la garde introduite dans la
maison pour nous contenir, ne resta pas long-
tems en défiance sur notre compte; elle vit bientôt
que les esprits, dont on lui faisoit peur, étoient
les meilleures gens du monde : elle s'humanisa, et
nous pouvons dire qu'en nous quittant, elle nous
témoigna des regrets.

Tous furent dépouillés de leur argent à 5o l.
près, ainsi que de leurs montres et bijoux : ces
derniers objets furent pourtant remis tout de suite,
et l'argent devoit l'être dans deux ou trois jours,
d'après les assurances de Bergot.

Les détenus souffrirent tous patiemment, et
raisonnant toujours sur l'arrivée prochaine de la
commission populaire qui devoit, suivant Bergot,
suivre cette fouille. on s'accordoit à dire que ce
préalable étoit nécessaire pour éviter, soit la cor-
ruption des juges par l'argent, soit les suicides de
ceux qui pourroient être condamnés à la détention
jusqu'à la paix,

On voit, par ce qui vient d'être dit, combien
étoient dociles et patiens ces hommes qu'on
s'efforçoit de rendre hideux au peuple, et de re-
présenter sans cesse comme des gens dangereux
et nuisibles à la société.

Quelques jours se passèrent depuis cette fouille,
sans que la commission se fût présentée. Elle étoit
toujours attendue avec patience , et n'arrivoit
jamais.

L'administration de police, ou Robespierre, ce
qui est la même chose, avoit calculé que le déva-
lisement des détenus produiroit parmi eux une

insurrection ; que de cette insurrection il en résulteroit un mouvement général dans les prisons, et qu'elle pourroit enfin effectuer, par une apparence spécieuse, le projet si long-tems formé de faire mourir les prisonniers ; mais la soumission et la sagesse profonde de ces derniers, fit échouer toute espèce de combinaison.

Il fallut alors mettre d'autres manœuvres en usage, et redoubler les privations des détenus : les journaux furent interdits à la maison, et dès la fin de floréal, il ne fut plus permis d'écrire que pour demander le linge dont on avoit besoin ; et si une lettre contenoit plus que le détail de ce qu'on envoyoit ou demandoit, elle étoit déchirée et mise au rebut.

Bergot, toujours acharné à poursuivre les prisonniers, leur défendit l'usage de la chandelle ; et son ami Semé, jaloux de le surpasser en rigueur, veilloit soigneusement à ce que cet ordre fût rigoureusement observé. Les détenus se résignèrent patiemment à cette nouvelle privation.

L'enlèvement de l'argent, et la défense d'en faire venir, forcèrent les détenus à faire des représentations à l'administration sur la pénurie où ils étoient réduits, et sur les taxes qu'ils s'étoient imposées pour la nourriture des indigens de la maison. Il n'est pas inutile de dire que les détenus s'étoient volontairement imposée à une somme par jour, et relative à leurs moyens ; que cette imposition étoit très-soigneusement acquittée, deux fois par décade, à un trésorier pris parmi les prisonniers, et journellement distribuée par celui-ci aux infortunés.

Bergot reçut cette représentation, promit de la prendre en grande considération, et près d'un mois se passa sans qu'on y eût fait droit. Il n'en fallut pas moins payer la contribution.

La défense de recevoir de l'argent à Lazare, s'observoit avec rigueur; et l'incomparable Semé, toujours outré dans les mesures, retenoit fort exactement ce qui étoit envoyé aux détenus, quelque fût leur besoin et la modicité de la somme.

Il fut consulté un jour par le citoyen Pierre, homme respectable, pour savoir s'il lui seroit permis d'écrire à sa famille, qui étoit dans un département, pour lui demander 300 livres, tant pour payer 200 livres qu'il devoit à divers prisonniers qui lui avoient prêté dans ses besoins, que pour ne pas se trouver absolument au dépourvu. Semé le lui permit, et lui donna sa parole d'honneur que l'argent qu'il demanderoit lui seroit remis. Pierre écrivit sur la foi de cette promesse; sa famille lui envoya 300 livres. Semé reçut la lettre avec la somme, retint 250 livres, donna 50 livres à Pierre, et toutes les représentations de ce dernier furent inutiles pour la remise du reste.

Dans cet intervalle, la commission populaire parut à différentes fois, et près de cent détenus furent interrogés successivement.

La confiance qu'on avoit établie en elle, ne dura pas long-tems, quand on en eut connu la composition. L'indécence qui régnoit dans les questions faites aux interrogés; l'ironie dont elles étoient accompagnées, et les ris insultans des commissaires ne leur attirèrent que du mépris.

L'illusion qu'on s'étoit faite sur son compte cessa bientôt; on ne vit plus en elle qu'un jeu, et la vie politique des hommes immoraux qui la composoient, présagea de grands évènemens que la suite justifia.

Le trésorier établi pour la collecte des indigens ne pouvoit plus remplir son office, parce que la dépense augmentoit sans cesse, et que la recette diminuoit tous les jours.

Bergot fut de nouveau sollicité de pourvoir au besoin des indigens ; il promit ; et en effet peu de jours après il fut affiché dans les corridors de la maison un arrêté de la police, du 27 floréal, dans lequel l'administration eut soin d'annoncer que le défaut de surveillance dans les prisons y avoit introduit un luxe immodéré ; que les tables y étoient servies avec une profusion indécente ; que les sommes que les détenus s'étoient procurées pouvoient y devenir dangereuses ; que la police avoit cru sage de faire une visite générale dans les prisons, de laquelle il avoit résulté une saisie de 864,000 livres , indépendamment des bijoux ; qu'elle espéroit que les sommes saisies et à saisir iroient au moins à 1,200,000 livres.

Que ces différentes sommes seroient déposées dans une caisse particulière, pour être délivrées aux détenus qui obtiendroient leur liberté, déduction faite préalablement de trois livres par jour, pour leurs frais de garde et de nourriture.

Que pour mettre une uniformité entre les détenus, et faire cesser toute distinction, il seroit établi un réfectoire auquel tous indifféremment seroient obligés d'aller manger ; que jusqu'alors il seroit payé à chacun d'eux trois livres par jour, sous la déduction de dix sols pour les frais de garde ; et que ces sommes seroient prises dans celles déposées dans la caisse particulière.

Q'enfin pour leur ôter toute espèce de communications, il seroit établi une boëte dans la maison, dans laquelle les lettres, paquets et linges seroient mis, et ensuite portés à leur adresse par des commissionnaires.

Cet arrêté donna lieu à de grandes dissertations ; il fut trouvé faux dans ses rapports, et impolitique dans ses conséquences : on s'accorda à dire qu'il contenoit un dessein caché de nous soulever.

D'abord on le trouva faux dans le luxe qu'on attribuoit aux prisonniers et dans les profusions des tables, car il n'étoit pas possible de voir plus de simplicité dans les habits, et plus de frugalité dans les repas, quelques-uns recevant leur dîner des bienfaits de leurs parens et amis ; d'autres prenant chez le traiteur de la maison, à trente et quarante sols par tête ; la plupart enfin faisant leur dîner dans leurs chambres, pour économiser davantage, et leur soupe étant le plus souvent arrosée de leurs larmes.

La distribution des cinquante sols par jour promise s'effectua le 20 prairial ; à commencer du premier dudit mois, la plupart la trouvèrent onéreuse à la république, car sur 700 détenus, 200 étoient dans des besoins pressans, et 500 pouvoient pourvoir à leur dépense comme par le passé ; il n'en fallut pas moins recevoir la solde, et la personne qui l'auroit refusée, dans l'intention même de soulager sa patrie, étoit notée d'aristocratie.

Quant à l'établissement du réfectoire, il fut jugé impossible par la difficulté qu'éprouvoient les parens des détenus pour leur procurer des subsistances, et on conclut que Bergot ne seroit pas plus heureux dans ce projet que Gagnant.

Cependant Bergot redoubla de soins et d'empressement pour la réussite de son plan ; les ordres les plus précis furent donnés aux entrepreneurs ; serruriers, maçons, charpentiers, menuisiers, tous furent mis en œuvre, et Semé, chargé de les surveiller.

On travailloit déjà depuis long-tems à l'établissement de ce réfectoire, sans que les détenus le crussent possible ; et leur raisonnement à cet égard étoit très-simple ; car ils se disoient : nous sommes dans cette maison 700, et trois mille de nos parens et amis peuvent à peine pourvoir à nos subsistances journalières ; qu'arrivera-t-il lorsqu'une seule personne en sera chargée ? Ils craignirent, avec raison, que le traiteur, obligé à de grandes emplettes, ne fût traité d'accapareur ; poursuivi par le peuple jusques dans les prisons, et que les prisonniers qu'on avoit toujours la précaution de rendre hideux, ne fussent maltraités et tués comme des scélérats à charge à la société.

On supposa, vers cette époque, un projet d'évasion de la part de quelques détenus, avec dessein d'égorger Robespierre, car c'étoit toujours lui qu'on devoit assassiner. Les espions de la maison firent tous les frais d'une grave dénonciation ; il fut envoyé un commissaire pour en informer, (c'étoit Herman.) Jeaubert, qu'on a vu jouer un rôle dans l'affaire de Ronsin, etc. Maniny, (italien) et Coquery, serrurier, parurent en qualité de dénonciateurs du prétendu projet d'évasion. Allain, Selles et Gauthier furent appelés à leur tour comme les trois chefs du complot; et la première des questions faites à chacun de ces trois individus pris séparément, fut celle-ci : Que penses-tu de Robespierre ? et les informations faites, Herman se retira.

Le

Le Luxembourg avoit déjà été taxé d'un semblable projet, et la mort sur l'échafaud de près de deux cents personnes sembloit en attester la vérité. Il paroissoit donc naturel qu'il commmuniquât le germe d'un pareil complot, pour le rendre vraisemblable; et pour y réussir, on inocula toutes les prisons en même-tems, par le transfèrement dans chacune d'elles, d'un prisonnier du Luxembourg. Le citoyen Selles arriva à Lazare; et il est à remarquer que ce fut peu de jours après son arrivée qu'on vit éclore le projet d'évasion, et dans lequel il joua un des premiers rôles.

Ce prétendu projet circula dans la maison; chacun le raisonna, et personne n'y crut. Les associés de Jeaubert, Maniny et Coquery, employoient toute leur éloquence pour l'accréditer, juroient sur leur patriotisme qu'il étoit vrai, et se disposoient à l'attester au tribunal révolutionnaire, où l'affaire, disoient-ils, devoit être portée, lorsqu'enfin ce bruit cessa.

Il étoit toujours question du réfectoire; et l'intimité qui régnoit entre Semé et Bergot, nous fit entrevoir dans cet établissement deux complots qui se sont vérifiés dans la suite.

Le premier étoit une spéculation formée aux dépens de nos estomacs; et le deuxième un dessein caché de nous soulever à quelque prix que ce fût.

Le 23 messidor on répandit vaguement dans la maison, que le réfectoire auroit lieu le lendemain. Le concierge Semé certifia le contraire sur son honneur à ceux qui le questionnèrent, et les assura qu'ils pouvoient demander leur dîner comme par le passé.

Cependant le lendemain 24, il fut notifié aux

détenus qu'ils dîneroient en communauté ce jour même ; et toutes les provisions qu'ils avoient demandées la veille furent saisies à la porte, au profit du concierge et de ses agens.

Cette nouvelle si extraordinaire, surprit d'abord les prisonniers, et les plongea dans la stupeur ; cependant ils reprirent courage, et comme ils crurent voir un dessein caché de les soulever, ils se recommandèrent mutuellement la plus grande sagesse, seul moyen de le déjouer.

L'heure du dîner arrivée, une sonette l'annonça dans les corridors ; chacun descendit tristement avec sa serviette, son couvert, son assiette, le pain et le vin qu'on lui avoit déja distribué, et se plaça au tour d'une table de 15 ou 30 personnes ; car c'est ainsi qu'elles furent d'abord divisées.

Le prélude du service fut long, et une heure se passa dans l'attente du dîner *Périnal* (c'étoit le nom du traiteur); il parut enfin, et la table de trente personnes, à laquelle je me trouvai, fut servie de deux plats de soupe aux légumes très-lavées, de trois livres de bouilli, de deux livres de foie-de-veau, de trente œufs légèrement ornés de farce, d'un plat d'haricots d'un litron, et de soixante abricots qu'on qualifia de bouquet du traiteur.

Ce dîner très-exigu et encore plus dégoûtant, étoit la seule nourriture qu'il fut permis aux détenus d'avoir pour vingt-quatre heures, car il n'y avoit pas de souper ; l'entrée des vins, eau-de-vie, café, liqueurs, sirops, lait, fruit et légumes, leur fut absolument interdite ainsi que celle des remèdes, quelque fût leur besoin, de manière que les malades et les valides de la maison en étoient au même régime, c'est-à-dire au pain et à l'eau et au dîner Périnal.

On doit sentir combien étoit pénible la position de ces malheureuses victimes de l'avidité de Bergot et de la scélératesse de Robespierre; elles eurent néanmoins la prudence de supporter avec courage et résignation leurs nouvelles chaînes.

Bergot voulut être le témoin de son triomphe; il se rendit pendant le dîner, visita toutes les tables avec un rire sardonique, enleva ce qu'il apperçut de couteaux, et n'écouta pas les plaintes qui lui furent adressées sur le dégoûtant du dîner, sur la petite quantité des mets et sur la mauvaise qualité du vin, et les demandes qui lui furent faites au nom des malades pour l'entrée des objets indispensables à leur état, furent renvoyées à l'officier de santé.

Bergot ne vit pas indifféremment la sagesse des détenus, il disparut mécontent de l'ordre qui régnoit dans le réfectoire, et l'humeur qu'il témoigna en s'en allant, persuada ces derniers qu'ils avoient vu justement dans le projet de les susciter.

La défence d'introduire dans la maison des commestibles établit entre les porte-clefs un genre de commerce très-lucratif; la contrebande fut mise en usage, et les droits d'entrée se payoient plus cher que sous l'ancien régime; car la chopine d'eau-de-vie étoit, d'après leur tarif, à six livres, le poulet à 12 livres, les œufs à douze sols pièce, le journal du soir à vingt-cinq livres, ainsi du reste.

Notre premier dîner donna lieu à de grandes réclamations, le second n'en fut pas meilleur;

car la table de 30 personnes où je me trouvai, fut servie d'une soupe à la presque purée très-mauvaise, de trente harengs, de trente artichaux à la colle grise, de deux très-petits pâtés de jambon dont la viande puoit, et la chopine de vin assignée à chaque détenu, étoit d'une plus mauvaise qualité que celui de la veille.

L'administrateur Grepin, qui remplaça Bergot ce jour là, fit la visite du réfectoire, entendit les plaintes des prisonniers, goûta le vin, le trouva mauvais, et après avoir ri de notre position, disparut, et nous n'en fûmes pas mieux servis.

Les plaintes contre le traiteur Perinal se multiplièrent; on lui montra jusqu'à l'évidence qu'il voloit au moins vingt sols par jour à chaque détenu sur les cinquante qu'il recevoit de l'administration pour les nourrir. Il fut trop honnête pour en disconvenir; ses marmitons et lui, joignirent l'ironie au vol, et nous dirent qu'ils avoient ordre de nous traiter révolutionnairement.

Il n'y avoit donc pour nous ni justice ni humanité; nos réclamations étoient étouffées, et tous, jusqu'au gargotier Perinal insultoient à nos malheurs.

Pendant que nous étions outrés de nos mauvais dîners, les agens de Robespierre, détenus en apparence, vantoient à Perinal l'excellence de son vin et de ses mets, et en le quittant, venoient nous exciter contre lui; mais comme nous les connoissions, nous nous tenions sur nos gardes.

Nos vies étoient assiégées de toutes parts; Perinal nous empoisonnoit, et le fer tranchant étoit suspendu sur nos têtes. Il fallut se résoudre à tout, et ne rien espérer que de la justice divine.

Nous sollicitâmes en vain la police de vouloir nous rendre justice contre Perinal ; elle promettoit toujours, et n'effectuoit rien. Le traiteur en devenoit plus audacieux ; son vin et ses dîners plus détestables, sa femme et ses garçons plus insolens.

Nous en étions donc réduits à déplorer notre sort, lorsque les détenus Robespierre annoncèrent dans la maison (c'étoit le 26 mesidor) que la décade suivante devoit épurer Lazare par le moyen du tribunal révolutionnaire ; que les aristocrates, les prêtres et les auteurs et complices du prétendu projet d'évasion seroient mandés.

La merluche et les harengs pourris qu'on servoit très - fréquemment aux prisonniers, dans le tems de la canicule, avoient déjà altéré leur santé. Plusieurs étoient alités ; les cris de douleurs de ces malheureux semblèrent affecter la femme Semé. Soupé, officier de santé, parut accompagné de Wilcheritz, autre administrateur, visita les malades, ordonna des remèdes ; mais Semé s'opposa à leur entrée, parce que l'administration de police n'avoit pas prononcé, et les malades restèrent sans secours.

Wilcheritz reçut des plaintes contre Perinal, goûta le vin puant qu'on avoit distribué ce jour là, le trouva exécrable et mal-faisant; il n'en fallut pas moins le recevoir et bénir la main qui nous empoisonnoit.

Le bruit sur l'épurement de la maison se propageoit ; Coquery et Maniny, auteurs et dénonciateurs du projet d'évasion, furent transférés dans une autre prison ; et le 30 messidor il vint des gendarmes chercher quelques détenus qui furent condamnés à mort le lendemain.

Le premier thermidor il en partit encore douze,

tous membres du comité révolutionnaire de la ville de Troyes, gens très-mal famés, et tenant dans la maison les propos les plus sanguinaires ; et nous apprîmes le 2 qu'ils avoient été tous acquités et mis en liberté.

Ce même jour, 2 thermidor, le vin qui fut distribué ayant été trouvé d'une plus mauvaise qualité que les précédens, les détenus ne soupçonnant pas l'administration de police d'accord avec Perinal, quoiqu'elle n'eût point fait droit à leurs plaintes, prirent le parti d'en envoyer une bouteille au comité de sûreté générale, et une à l'administration de police. Cette dernière le fit déguster, et il résulta du procés - verbal qu'elle envoya en réponse, que le vin étoit de mauvaise qualité et mal-faisant. Il n'en fut pas meilleur le lendemain, ni Perinal plus honnête. Que prouvoit tout cela, sinon le désir de nous irriter, pour nous porter à l'insurrection !

Le 3, Semé, concierge dont nous avions tant à nous plaindre des rigueurs, et de qui tous les instans de surveillance furent marqués au coin des vexations, fut destitué comme trop doux et trop humain, et remplacé par Verney, premier porte-clef du Luxembourg.

Cet homme d'une figure atroce, et qui avoit donné des preuves de scélératesse dans le transfèrement des prisonniers du Luxembourg à la Conciergerie, fut donc établi à Lazare en apparence ; et Semé, quoique destitué, n'en remplissoit pas moins l'office de concierge

Verney signala son entrée dans la maison, en prévenant les détenus par une affiche, qu'à compter du quintidi prochain, ils ne pourroient envoyer ni recevoir leurs effets, que depuis neuf heures du matin jusqu'à midi , et que les jours de décadeil n'entreroit ni ne sortiroit rien. Il leur dit ver-balement que la police , voulant intercepter toute espèce de communication avec le dehors, alloit se charger de faire blanchir les prison-niers , et qu'en conséquence elle ne leur lais-seroit que deux chemises pour leur usage.

Il leur notifia également qu'il ne recevroit des représentations que par écrit, leur défendit l'entrée de son appartement; fit fermer les guichets, et monseigneur Verney ne se donna même pas la peine de répondre , ni par écrit ni verbalement aux humbles et respectueuses suppliques qui lui furent adressées en demandes ou en réclamations sur différens objets , et notamment sur le vol qu'ils éprouvoient tous les jours dans l'envoi de leur linge.

Les prisonniers voyoient ainsi la rigueur de leur sort s'accroître tous les jours ; leurs lettres à leur famille , mises à la boîte de la maison , avec l'ar-gent pour les affranchir, ne parvenoient pas à leur adresse. Les commissionnaires et les porte-clefs initiés dans le mystère de ce qui se tramoit contre les détenus , étoient devenus infidèles. Quelques-uns avoient gardé devers eux les linges qui leur avoient été confiés pour porter aux fa-milles des prisonniers. Tout étoit ainsi livré au pillage, lorsque le 5 dans la matinée, les Robers-pierre annoncèrent que l'après - midi du même jour, plusieurs des prévenus du prétendu complot d'évasion partiroient pour le tribunal révolution-naire, et l'assurance qu'ils en donnoient commença à le faire croire.

En effet, vers quatre heures de l'après-midi, on

vit entrer dans la cour de la maison deux chariots sous l'escorte de quatorze gendarmes. Cette apparution frappa les esprits de terreur; l'allarme se répandit dans la prison; chacun craignit pour soi jusqu'au moment où les porte-clefs, répandus dans les différens corridors, eurent fait connoître les victimes désignées, en les emmenant au greffe, où un huissier du tribunal révolutionnaire les attendoit.

Ces malheureuses victimes furent donc mises dans ces chariots, après avoir été dévalisées de tout ce qu'elles possédoient, au point qu'on ne leur trouva absolument rien à la Conciergerie, comptées par Verney et Semé, avec un rire insultant; et ainsi entassées, elles se séparèrent de nous, en emportant notre estime et nos regrets.

Liste des personnes qui partirent le 5 thermidor pour le tribunal révolutionnaire, et qui furent condamnés à mort le 6.

C. M. Allain, âgé de 28 ans, né à Paris, instituteur, rue Eloy.

L. Dessinard, âgé de 23 ans, né à Versailles, commis-banquier chez Mézières.

L. Selle, âgé de 44 ans, entrepreneur de farines, inspecteur-général des effets militaires de l'armée de l'intérieur.

F. C. L. Maillé, âgé de 17 ans, fils de l'ex-vicomte de ce nom, rue du Bacq.

P. R. A. Maillé, âgé de 37 ans, né à Virlante, ex-noble, ex-prêtre, cousin du précédent, rue Caumartin.

P. L. Champigni, âgé de 59 ans, né à Dulan, ex-curé de Villepinte.

C. F. G. Graindorge, âgé de 34 ans, né à Lisieux, ex-comte de Ménil-Durand, ex-adjudant-général, rue de la Loi.

A. L. J. Flavigni, âgé de 31 ans, né et demeurant à Charme, lieutenant en second au ci-devant régiment des Gardes-Françaises.

N. H. L. Flavigni, âgée de 28 ans, ex-comtesse, femme Desvieux, rue Neuve - Augustin.

C. L. S. Soyecour, âgée de 35 ans, née à Paris, ex-baronne, veuve d'Hinisdal, rue du Petit-Vaugirard.

E. P. H. Dubois, âgée de 36 ans, femme de Fleury, avocat-général au parlement de Paris, rue de Valois.

J. Pigrai, âgée de 21 ans, femme divorcée de Mursin, directeur des ci-devant fermes, rue de la Loi.

J. Gravier de Vergennes, père, âgé de 75 ans, ex-comte, rue neuve Eustache.

C. Gravier de Vergennes, âgé de 42 ans, ex-noble, ex-maître des requêtes, capitaine de chasseurs, ex-officier municipal.

M. L. Laval Montmorenci, âgée de 72 ans, ex-abbesse de Montmartre, retirée à Franciade.

F. C. Thibaut-Lagarde, âgé de 31 ans, né à S. Angenne, officier au ci-devant régiment des Gardes-Françaises, ex-noble, à Rouen.

C. A. Charleval, âgé de 46 ans, né à Aix, ex-noble, ex-lieutenant de la garde du tyran, à Colombe.

J. Dagieux, âgé de 43 ans, ex-officier de la même garde, rue du Petit-Bourbon.

A. P. Albert de Berulle, âgé de 39 ans, premier président au ci-devant parlement de Grenoble, à Sens.

P. M. V. Beauvilliers de Saint-Aiguan, âgé de 27 ans, ex-duc, à Saint-Aignau.

F. C. Bérenger, âgée de 29 ans, femme de Beanvilliers-Saint-Aignan, rue de Grenelle-Germain.

P. C. Copin-de-Villepreux, âgé de 45 ans, ex-chevalier, capitaine à la suite de la cavalerie, rue du Four.

J. H. Laboulbenne-Montesquiou, âgé de 43 ans, né à Agen, ex-noble, ex-prêtre de Saint-Roch, ex-grand-vicaire, rue Favart.

F. Gigaut-Bois-Béruier, âgé de 58 ans, ex-chanoine et grand-vicaire de Sens, rue Poissonnière.

J. F. Gauthier, âgé de 24 ans, né à Moissac, ex-page du tyran.

P. Ducontent, âgé de 56 ans, né à la côte André, ex-prêtre, rue des Postes.

Ce départ consterna toute la maison ; personne ne croyoit au prétendu projet d'évasion ; et en effet parmi les personnes désignées pour en être les auteurs, l'âge avancé, et les infirmités de quelques-uns, la grande jeunesse de plusieurs, et le caractère de tous, ne permettoient pas de le supposer vraisemblable. Cependant nous apprîmes le lendemain 6, que tous avoient été condamnés à la peine de mort, et exécuté le même jour, comme :

« Convaincus de s'être déclarés les ennemis du
» peuple, en entretenant des intelligences avec
» les ennemis de l'Etat, en leur fournissant des
» secours, en participant aux complots, trames

» et assassinats du tyran et de sa femme contre
» le peuple, en conspirant dans la maison d'arrêt
» dite Lazare, à l'effet de s'évader et de dissoudre,
» par le meurtre et l'assassinat des représentans
» du peuple et notamment des membres des
» comités de salut public et de sûreté-générale,
» le gouvernement républicain, et de rétablir
» la royauté ; enfin, en voulant rompre l'unité
» et l'indivisibilité de la république.

Nota. Bérenger, femme Beauvilliers S. Aignan, s'étant déclarée enceinte, il a été sursis à l'exécution de son jugement.

Pepin-de-Grouet, président du tribunal criminel du 17 août 1792, un des détenus à Lazare, fut mandé le 5 pour témoigner dans l'affaire des prévenus du prétendu complot d'évasion, On fut fort étonné de le voir choisir exclusivement à tout autre, et pour un fait aussi invraisemblable.

Peu de jours avant ce coup d'éclat, on avoit vu Pepin recevoir chez lui Jeaubert et quelques autres, dont la vie privée et la conduite dans la maison n'étoit rien moins qu'exemplaire, et le soin qu'il avoit de s'isoler de tous les autres détenus, le fit remarquer.

Pepin fut donc témoigner au tribunal révolutionnaire ; on ignore ce qu'il peut dire sur un fait qui n'avoit jamais existé : mais on tient de lui que Coquery et Maniny dénonciateurs, y parurent aussi ; qu'ils eurent l'impudence de l'attester sur leur honneur, et que Coquery, qui étoit un serrurier de profession, assura qu'il lui avoit été proposé une somme de 9000 liv. pour scier un barreau de fer d'une croisée du second, par laquelle les détenus devoient s'échapper et passer de là sur une terrasse donnant sur le jardin, à l'aide d'une planche qui auroit dû avoir, vu la distance, plus de trente pieds de longueur.

Outre que ce projet est absolument faux et controuvé, il devenoit impraticable sous tous les rapports, d'abord de la part des vieillards et des infirmes, dont l'un étoit paralysé du bas du corps, (1) au point de ne pouvoir se soutenir sur ses jambes, et de l'abbesse de Montmartre, âgée de soixante douze ans.

Ensuite, parce que l'endroit où devoit s'opérer la sortie, se trouvoit absolument sur la tête d'une sentinelle qui ne l'auroit pu souffrir, sans s'exposer à perdre la vie ; et finalement parce que la pente qu'il y auroit eu pour descendre du second sur la terrasse étoit trop rapide pour que personne, et sur-tout des vieillards et des infirmes, ôsassent entreprendre de fuir par cet endroit.

Mais Coquery et Maniny, agens fidèles de Roberspierre ne calculèrent rien ; ils n'envisagèrent que le desir de servir leur commettant par un faux témoignage, duquel il devoit en résulter une effusion de sang.

Les agens de Robespierre restés dans la maison, de Lazare, s'agitoient de mille manières différentes, redoubloient d'audace et de fureur ; annonçoient ouvertement que beaucoup d'autres détenus suivroient de près les premières victimes ; et que le même jour (c'étoit le 6) les chariots reviendroient : et pour la première fois on entendit parler de listes de proscription faites par Jeaubert et Robinet, d'après lesquelles tous les détenus à Lazare, hors un très - petit nombre, devoient aller au

---

(1) La citoyenne Pigrai, femme Mursin.

tribunal révolutionnaire, c'est-à-dire au sup-
plice.

On doit s'imaginer facilement combien nous
étions pénétrés de douleur de voir ainsi le crime
triompher et l'innocence opprimée.

Nos ames tristes et abattues ne voyoient plus
que la mort. Un voile funèbre entoura la maison;
un morne silence la jetta dans un abattement
affreux. Les jeux et la promenade furent bannis du
préau; nos figures cadavéreuses peignoient l'an-
xiété dans laquelle nous étions; le réfectoire
autrefois très-gai ne fut plus qu'un lieu de rassemblement de spectres ambulans qui se quittoient
sans s'être parlés.

Les chariots annoncés reparurent à trois heures
et demie; leur entrée nous frappa d'un coup de
foudre, et nous perdîmes pendant près de trois
heures qu'ils restèrent dans la cour, et qui furent
pour chacun de nous trois heures d'agonie, l'usage
de la parole et de nos sens.

Enfin l'huissier du tribunal arriva; ses victimes
furent comptées et entassées comme les précé-
dentes, sur les chars de la mort, et se séparèrent de
nous avec le courage qui caractérise si bien la
pureté de la conscience.

Liste des personnes qui partirent le 6, et furent condamnées le 7.

(1) J. A. Roucher, âgé de 49 ans, né à Montpellier, homme de lettres, rue des Noyers.

A. Chenier, âgé de 31 ans, né à Constantinople, homme de lettres, rue de Cléry.

L. E. G. N. Simon, âgée de 48 ans, née à Lorbec, veuve de *Maillet*, lieutenant des maréchaux de France, ex-noble.

F. Trench, âgé de 70 ans, né à Kenigsberg, ex-baron, rue de Cléry.

G. Montalembert, âgé de 63 ans, né à Limoges, ex-marquis, capitaine au ci-devant régiment du roi, rue Neuve Égalité.

C. C. H. Houdelot, âgé de 40 ans, né à Saint-Laurent-de-Brevedent, cultivateur, rue de Bondy.

C. H. L. Gastel, âgé de 51 ans, né à Bocanne, ex-noble, lieutenant des mousquétaires, rue Louis au Marais.

C. F. Rougeot-de-Montcrif, âgé de 42 ans, né à Stigni, ex-noble, garde-du-corps, rue des Pères.

F. T. B. Bessejouls-de-Roquelaure, âgé de 46 ans, né à Toulouse, ex-marquis, colonel du ci-devant régiment de Beauce, rue Dominique.

---

(1) *Vers faits par Roucher, auteur du Poëme des Mois, détenu à Lazare, et mis au bas de son portrait, qu'il envoya à sa femme et à ses enfans, au moment de son départ pour le tribunal-révolutionnaire.*

Ne vous étonnez pas, objets charmans et doux,
Si quelqu'air de tristesse obscurcit mon visage ;
Lorsqu'un crayon savant dessinoit cette image,
On dressoit l'échafaud, et je pensois à vous.

C. A. Crequi-de-Montmorency, âgé de 60 ans, né au château de Chitzlemberg, en Allemagne, ex-noble, rue Cocatrix.

C. Doley, âgé de 50 ans, né à Florence, ex-vicomte, sous-lieutenant au ci-devant régiment d'Alsace, rue de Verdelet.

L. Sers, âgé de 50 ans, né à Castres, officier de l'état-major de l'armée de Bussy, ex-commandant de Chander-Nagor, officier d'infanterie, rue de Grenelle Honoré.

H. J. Bourdeilles, âgé de 46 ans, né à Paris, ex-comte, mestre de camp à la suite de la cavalerie, au bois Guillaume.

L. V. Goësman, âgé de 64 ans, né à Landser, conseiller au ci-devant parlement Meaupou, employé par l'ancien gouvernement en Angleterre, rue des Bons Enfans.

J. F. M. Coattarel, âgé de 32 ans, né à Plouvie, ex-noble, rue du Bouloy.

J. Raoul, âgé de 56 ans, né à Graveson, ex-prêtre de la Doctrine, dite Chrétienne, marchand mercier, rue des Lombards.

M. M. C. Dartigue, âgée de 46 ans, née à Coulommiers, veuve Marcou, ex-noble.

J. M. Peaume, âgée de 48 ans, née à Marseille, veuve de Gauthier Saint - Priest, avocat au ci-devant parlement, cloître Saint - Etienne-des-Grés.

P. Hébert, âgé de 52 ans, né à Breville, ex-curé de Courbevoye, près Paris, rue de la Fraternité.

L. J. C. Assy, âgé de 36 ans, né à Paris, ex-bénéficier de l'église de Paris, Parvis ci-devant Notre-Dame.

J. B. Maldagne, âgé de 58 ans, né à Plaisan, ex-curé de Louvres.

P. Buquet, âgé de 46 ans, né à Conches, ex-curé de Gagny.

T. Meynier, âgé de 65 ans, né au Buis, ex-prêtre et chantre de l'Hôtel-Dieu de Paris, cloître Oportune.

J. N. Voyot, âgé de 37 ans, né à Tendon, département des Vosges, ex-curé de Bouqueval, maître de langues.

L. Sellos, âgé de 29 ans, né à Roux-Perron, ex-prêtre, rue Dormesson.

P. E. Constant, âgé de 65 ans, ex-minime, né à Paris, cloître Sainr-Jacques l'Hôpital, (non jugé, renvoyé à Lazare).

Tous ayant subi le même jugement que les premiers.

P. Auphant, âgé de 60 ans, né à Roussillon, ex - prêtre, rue Saint-Denis, a été acquitté.

On ne doit pas perdre de vue que Pepin avoit été appellé le 6 pour témoigner au tribunal révolutionnaire dans la cause des personnes parties le 5 au soir; il en étoit revenu avant le départ de la seconde liste; mais il resta chez le concierge Vernay, et ne parut dans la maison qu'après la disparution des corbillards.

Tout le monde s'empressa d'aller au devant de lui pour connoître le sort des premières victimes; Pepin fut fort mystérieux à ce sujet, et nous laissa complettement dans l'ignorance après nous avoir vanté le patriotisme de Fouquier de Tinville et de Coffinhal, qu'il disoit très-disposés en faveur des patriotes; il ne nous laissa pas ignorer la considération dont il jouissoit dans ce tribunal, et combien son témoignage avoit de poids auprès des juges et des jurés qui le composoient;

il annonça qu'il seroit appellé le lendemain avec d'autres bons patriotes de la maison qu'il avoit désignés.

Pepin, après cette conversation, rentra dans sa chambre; Jeaubert, Molin, Roger dit Laloupe, et Gagnant, furent l'y joindre avec quelques autres; il se forma chez lui un consistoire auquel les élus seulement furent admis.

Le bruit sur les listes de proscription se multiplia, et Jeaubert, qu'on disoit ouvertement en être l'auteur avec Robinet son secrétaire, se rendit le lendemain 7 chez Pepin, au moment de son départ pour le tribunal-révolutionnaire, lui confia une des listes. pour la remettre à Fouquier de Tinville; Pepin qui a certifié ce fait dans sa déclaration au comité de salut public, s'en chargea et remplit exactement sa commission.

Pepin partit une seconde fois pour aller témoigner au tribunal-révolutionnaire; et comme il avoit annoncé la veille qu'il y feroit paroître en qualité de témoins de bons patriotes, il se fit accompagner par Molin, Gagnant, et Roger dit Laloupe.

Les voyages de Pepin, ses liaisons avec Jeaubert, les conciliabules tenus chez lui, les compagnons qu'il s'associa ponr aller déposer au tribunal - révolutionnaire, sur un fait ignoré de toute la maison. les bruits multipliés sur les listes de proscription, tout annonça un dessein de perdre les détenus de Lazare, et les conduire en masse à l'échafaud; mais on étoit éloigné de croire que le représentant de l'Etre suprême, que l'homme qui ne parloit jamais que justice, humanité et vertus, fût le ressort, caché de ce noir attentat.

D

Les détenus à Lazare ne pouvoient plus se faire illusion sur le sort qui les attendoit ; Jeaubert avoit acquis sur eux le droit de vie et de mort, il faisoit tous les jours des listes de proscription que son secrétaire Robinet copioit , et Herman venoit tous les matins marquer à la craie sur la liste générale ceux qui devoient partir l'après-midi pour l'échafaud.

Il n'étoit donc plus possible d'échapper à la proscription générale ; la vieillesse et l'enfance n'étoient plus respectés , tous étoient également condamnés comme convaincus du projet d'évasion , et l'homme le plus paisible et le plus dévoué à sa patrie n'en étoit pas plus exempt.

Nous apprîmes le 8 au matin, que nos compagnons d'infortune partis le 6, furent condamnés le 7 , et avoient subi leur jugement.

Jeaubert redoubla d'audace ce jour là ; il jouissoit de nos craintes et annonçoit ouvertement au réfectoire que les chariots devoient revenir l'après-midi et les jours suivans.

En effet, ils reparurent , et d'après les listes , les victimes furent amoncelées sur les chars funèbres, et Jeaubert qni annonça dès le matin le départ de Dervilly , eut le raffinement de scélératese d'aller prendre du café chez lui , afin de jouir plus à son aise du plaisir de le voir partir pour l'échafaud où il l'envoyoit.

*Listes des personnes qui partirent le 7 , et furent
condamnés le 8.*

L. M. A. d'Usson , 52 ans , né à Paris,
ex-marquis , ex-maréchal-de-camp, à Sevran.

A. Coessin Laberay , 29 ans , né à Laberay,
ex-noble , rue Denis.

P. Rock , 30 ans , né à Montpellier , militaire, employé dans les charrois, à Vincennes.

N, Archambaut - Renard - du - Coudray , 54
ans , né à Paris. ex - chevalier du tyran , rue
des Fontaines.

S. Loiserolles , père , 61 ans , né à Paris ,
ancien lieutenant du bailliage de l'Arsenal.

C. L. Trudaine, 29 ans, né à Paris, ex-noble,
conseiller au ci-devant parlement de Paris , à
Montigni.

C. M. Trudaine , 28 ans, né à Paris , même
qualité.

J. V. Micaut , 37 ans, né à Paris , conseiller
au ci-devant parlement de Dijon, rue Taîtbout.

P. F. Demaché , 52 ans , né à Croisy , ex-noble , rue Porte-Foin.

J. Beausset , 43 ans , né à Pondichéry , ex-capitaine de la garde du tyran , ex-vicomte.

L. J. Dervilly , 43 ans , né à Paris, épicier ,
rue Mouffetard.

C. F. Dorival , 33 ans , né à Rivenne , ex-hermite, cloître Saint-Benoit.

C. S. L. Défossé , 57 ans , né à Paris , ex-constituant , à Compiègne.

M. Chefer, 33 ans, née à Draguignan, femme
Défossé.

P. Blanchard , 56 ans, né à Mesle , ex-commissaire-général de l'armée des Vosges.

E. Riquet, 50 ans , née à Toulouse, femme Cambon , ex-président du parlement de Toulouse, rue neuve Saint-Marc.

M. R. A. Jastud , 27 ans , née à Richemont, femme Butler , américain , ex-noble.

M. H. Sabine Vériville , 31 ans , née à Paris, femme de l'ex-compte de Périgord , rue de l'Université.

C. A. Brogniard , 44 ans , né à Mouchette près Arras, ex-curé constitutionnel de Saint-Nicolas-du-Chardonnet , rue des Bernardins.

P. Broquet , 80 ans, né à Coutance, prêtre , rue Bergère.

C. Auger , 45 ans, né à Paris , ex-officier de Paix., rue neuve Egalité.

M. P. Josceau, 44 ans , né à Chartres , ex-chef des bureaux de la Mairie , cloître Saint-Benoit.

A. J. Boucher , 36 ans, né à Paris , ex.-sesrétaire de Bailly , rue Avoine.

A. D. Viotte , 45 ans , né à Besançon , intendant de l'ex - princesse de Monaco , rue des Filles Thomas.

F. Hilaire , 45 ans , sans état, rue des Marais.

Tous ayant subi le même jugement que les précédens.

A. D. J. B. F. Duelot, 38 ans , né au Cap, ex-militaire, rue Neuve-Egalité :

N. P. L. Prampain , 34 ans , né à Caen, ex-professeur de mathématiques , co-accusés , ont été acquittés et reconduits à Lazare , où ils étoient détenus pour autre cause.

Périne - Jeanne - Marguerite Le Roux , veuve Maillé , fut emmenée de Saint-Lazare le 8 à minuit ; on ignoroit sa destinée.

Le retour triomphal de Pepin et de ses consorts , la victoire complette que Gagnant avoit remportée sur le citoyen Loiserolle son ennemi, qui venoit d'être condamné à mort, furent annoncés dans la maison. Jeaubert et les siens, jaloux de partager leur bonheur, se rendirent auprès d'eux pour applaudir à leur courage et à leurs vertus. Il se tint un conciliabule dans la chambre de Pepin, entre les élus; il fut prononcé sur le départ du lendemain 8 , et le conclave ayant fini ses pénibles travaux , la séance fut levée.

Pepin tout glorieux du crédit qu'il avoit acquis au tribunal révolutionnaire, l'annonçoit ouvertement à tous les détenus ; il cherchoit à leur persuader que son témoignage seul faisoit absoudre ou condamner, et que Semé concierge , appellé pour déposer dans cette même affaire , avoit l'humiliation de n'être pas entendu.

Les listes de proscription ne pouvoient plus être révoquées en doute , car Robinet , secrétaire de Jeaubert; les communiquoit assez facilement; Joli , musicien de l'Opéra , en avoit lu une sur laquelle il étoit inscrit , et d'où il étoit parvenu à se faire rayer pour une bouteille d'eau-de-vie qu'il donna à Robinet.

Plusieurs des prisonniers de Lazare avoient aussi racheté leur vie de Jeaubert, mais à un prix plus cher; car on estime qu'un individu a donné quatre cents louis pour lui et sa femme.

Chacun de nous comptoit être du voyage du 8 ; Pepin avoit annoncé qu'il en partiroit soixante quatre ce jour là , et sa prédiction s'accordoit avec la liste copiée par Robinet.

Le calme qui régnoit dans la maison , annonçoit plutôt l'asile de la mort que la demeure de sept cent quatre-vingt vivans ; tous étoient dans une profonde consternation , et n'attendoient que le coup qui devoit les frapper,

Le morne silence du réfectoire étoit effrayant ; personne ne songeoit aux mauvais dîners de Périnal ; son vin et ses mets toujours plus mauvais , étoient reçus sans murmure. La femme Semé qui présidoit à nos repas , frappée de cette stupeur , chercha à nous distraire , et nous dit : « Mes chers enfans, mes amis , mangez, man- » gez , les chariots ne viendront pas aujour- » d'hui ni demain , et la maison avant quinze » jours sera vuide et à louer «.

La prédiction de la femme Semé s'accomplit, les corbillards ne parurent ni le 8 ni le 9 ; mais nous n'en fûmes pas plus rassurés, parce que les Robespierre, jaloux de perpétuer la terreur, annonçoient que la scène tragique devoit se renouveller le 10.

Les deux jours que nous passâmes dans l'attente de notre sort, furent deux jours d'agonie perpétuelle ; un deuil universel couvrit notre asile ; nos yeux rencontroient par-tout les corps palpitans des victimes de Robespierre et de la scélératesse de ses agens ; le repos nous abandonna ; la mort planoit sur nos têtes, et la maison ne fut plus qu'une mer de sang sur laquelle nous avions fait naufrage. Si quelque roseau s'offroit à nos débiles mains pour nous ramener au port, des requins dégoûtans du sang de nos malheureux compagnons venoient avec leurs dents meurtrières nous déchirer les flancs et nous précipiter de nouveau dans l'abîme du malheur.

Rien ne pouvoit égaler le désespoir des détenus de Lazare ; léur douleur étoit à son comble ; le fer assassin en avoit déja moissonné quatre-vingt ; la mère pleuroit son fils , la femme son mari, le fils son père, et la jeune personne encore sans expérience , sa tendre mère, si nécessaire à son bonheur.

Dans cette affligeante position, nous ne voyons de salut que dans la mort, et quelqu'effrayante qu'elle paroisse naturellement, nous la trouvions trop lente à venir, nous l'invoquions en regrettant de n'avoir pas été du nombre des premiéres victimes. Lorsque vers dix heures du soir du 9 thermidor, on répandit dans la maison que Robespierre étoit décrété d'accusation : cette nouvelle apportée du dehors par trois nouveaux détenus, inspira de la défiance , et tenoît trop du miracle pour qu'on osât y croire.

Cependant la precaution qu'avoit eue l'administrateur Bergot de consigner les porte - clefs , qui étoient de sortie ce jour là , et l'empressement de Vernay concierge , à fermer pour la première fois; et presqu'au moment de cette nouvelle , les guichets intermédiaires des corridors , fit soupçonner quelque chose d'extraordinaire.

En effet, peu de tems aprés, on entendit de toutes parts les tambours battre la générale et des rappels, et toute la nuit se passa dans des craintes et des incertitudes.

Le lendemain matin , vers sept heures, la défaite de Robespierre et de la municipalité , furent annoncées de nouveau ; on aimoit à y croire, mais chacun craignoit d'en parler , tant étoit grande la stupeur des détenus.

Enfin la nouvelle se confirma vers midi , d'une manière si positive et si circonstanciée , qu'il ne fut plus permis d'en douter.

On doit facilement se persuader quel changement subit s'opéra dans la maison de Lazare ; les détenus commencèrent pour la première fois depuis le 5 , a y respirer un air plus frais ; leur ame si long-tems comprimée prit un nouvel essor ; leur front se dérida , ils recouvrèrent l'usage de leurs sens ; les apprêts de la mort se dissipèrent , et s'il leur eût été possible d'oublier l'assassinat de leurs compagnons, ils eussent tout à fait perdu le souvenir de leurs malheurs.

La mort de Robespierre et ses noirs attentats, donnèrent lieu à une épitaphe qu'un particulier écrivit sur la muraille ; elle peint trop vivement ce monstre , pour négliger de la rapporter ici.

Il s'abreuva du sang d'un million de victimes ,
Il parla de vertus et commit tous les crimes.

De l'Imprimerie de A. Cl. FORGET et compagnie , rue du Four-Honoré , N°. 487.

9 782329 680170